LES

243 MILLIONS

PERDUS

Réflexions de Jean **BONHOMME**

———

SAINT-OMER

TYP. ET LITH. DE H. D'HOMONT, RUE DES TRIBUNAUX, 4.

1877

LES
243 MILLIONS PERDUS

C'est toujours la même chose, dira-t-on ; mais la chose en vaut la peine. La bagatelle de *243 millions* perdus ou gaspillés (perdus, ils ne le sont pas pour tout le monde ; ici-bas rien ne se perd ; — gaspillés, ils auront toujours profité aux gaspilleurs) a le tort d'occuper aujourd'hui tous les esprits *conservateurs*.

Quand on a du bon sens, et de l'ordre, on ne regarde pas la dépense utile ; mais on se tourmente du gaspillage ou de la perte sèche, autant que d'un vol.

Et puis *deux cent quarante trois millions!* cela ne se trouve point dans le pas d'un cheval, comme on dit vulgairement ; c'est la fortune de 243 millionnaires. C'est la richesse de 2.500 propriétaires, c'est l'avoir de 25.000 petits cultivateurs. Eh bien ! certaines gens ont su, outre bien d'autres choses, dépenser 243.000.000 de francs sans laisser de traces de leur emploi. Pas de quittances, pas de preuves.

Diantre ! si un caissier ou un comptable se trouvait dans la position de ne pouvoir fournir la preuve, la justification seulement de 2.430 francs (mille fois moins), on mettrait en doute sa probité, on crierait au détournement ; on le livrerait à la justice. Et voilà 243 millions, qui appartiennent au vrai peuple, ceux-là ; et dont on ignore l'emploi ! ! ! Où donc sont les caissiers, où donc sont les comptables qui endossent la responsabilité ?

C'était au bon temps où M. Gambetta était tout, faisait tout, gérait tout, se donnait comme le *sauveur* de la France,... lui et son gouvernement, dà !

Avouez que rien n'est moins clair que tout cela !

On se demande partout si personne ne se mettra en fin de compte à la recherche de ce trésor perdu ; si par hasard les comptables et les valets n'auront pas trouvé là une fortune qu'ils n'avaient pas.

Supposons un instant que M. X... banquier où vous voudrez, trouve 243.000 fr. de moins dans sa caisse, que le caissier ne puisse dire par où ils ont passé, que d'autre part on ne constate au coffre-fort aucune effraction, que fera le banquier ?

Il portera plainte à la justice qui surveillera le caissier. Si le caissier, pauvre gueux auparavant, mène depuis un train d'enfer, on le soupçonnera, comme cela va de soi, on l'empoignera, on le jugera et on le condamnera s'il a mal agi. Rien de plus simple, rien de plus clair. Tout le monde ferait comme le banquier.

Eh bien ! le banquier c'est la France, l'Etat, le Trésor, tout ce que vous voudrez ; les citoyens sont les clients ; ils sont même plus, ils sont les actionnaires ; c'est leur argent qu'on manipule, dont on use pour les en faire bénéficier en quelque chose.

Le caissier de cette banque, c'est l'homme qui a la haute main sur tout cela, qu'il s'appelle directeur ou président, gérant ou ministre, Pierre ou Paul, Jean Bonhomme ou Gambetta. Il est responsable. Les comptes doivent être justes, exacts, prouvés. Si la caisse s'envole, on le soupçonne ; s'il est innocent, il se disculpe ; s'il est coupable, il se sauve à l'étranger et ne revient que quand on a l'air de l'oublier.

S'il a un peu de cœur, et s'il est innocent, rien que le soupçon qui pèse sur lui est un poids terrible ; il cherche par tous les moyens à établir ses comptes pour montrer qu'il n'a pas volé, et jusqu'à ce que toute l'affaire soit claire comme eau de roche, il ne dort pas tranquille, il ne s'occupe que de cela, il ne rêve que réhabilitation. Un honnête homme tient plus à son honneur qu'à sa vie, et à plus forte raison qu'à des écus ; ces écus feraient-ils des millions. Il paraît que quand on n'est pas honnête, ce n'est pas la même chose.

Voilà pourquoi les braves gens, ceux qui ne voudraient pas faire tort d'un rouge liard à leur prochain, ceux qui voient avec plaisir la justice poursuivre les voleurs, ceux qui s'étonnent trop souvent qu'on ne frappe pas les grands voleurs, (comme si voler un sou était un crime, et voler des millions était un trait d'esprit), ceux-là se demandent pourquoi les hommes qui sont responsables de ces 243 millions et qu'on soupçonne en attendant des preuves, necherchent pas à se disculper, et pourquoi, puisqu'ils ne justifient pas leur caisse, la justice ne leur met pas la main au collet, pour leur faire attendre en lieu sûr un jugement décisif.

Si Jean Bonhomme était vingt-quatre heures chargé de la besogne, ça ne se passerait pas tout à fait comme cela. Tout au moins pour tranquilliser le public. il s'occuperait activement de l'affaire.

Mais il faut en faire son deuil, et ne plus songer à les retrouver. Ça aurait pourtant fait tant de bien !

Je me faisais comme ça par devers moi un petit calcul et je me disais : Voyons, Jean Bonhomme, l'an dernier tous les bons paysans et honnêtes ouvriers ont voté comme tout le monde pour avoir des députés. Nous étions bien aises, je l'avoue, d'être quelque chose, de faire acte de citoyens, comme on nous dit souvent.

Mais des députés ! ça se paie, et parbleu, encore assez cher. Tout calcul fait, on leur donnait, rien que pour les députés, plus de *13.300 francs* PAR JOUR, sans compter les verres d'eau sucrée, la buvette officielle, les frais d'impression de ceci, d'abonnement à cela, encore à peu près autant. Si bien qu'au bout de l'an, à tout compter, ces députés nous coûtent, bon an mal an, une bonne *dizaine de millions*.

Supposons même qu'on ne trouve pas que c'est trop cher, si une bonne occasion se présentait d'épargner â la France cette petite rente de *dix millions*... à payer, est-ce que ce ne serait pas une bonne aubaine ?

Eh bien ! la recette est toute trouvée. Rien de plus simple.

Tout le monde sait aujourd'hui qu'au milieu de la bagarre, en 1870 et 1871, ceux qui ont tripoté dans nos affaires et dans nos caisses ont dépensé, sans pouvoir dire à quoi, DEUX CENT QUARANTE-TROIS MILLIONS.

Voilà l'affaire !

Si je sais bien compter au denier vingt, comme disait feu mon père, à cinq pour cent, comme dit aujourd'hui notre maître d'école, 243.000.000, ça fait douze bons millions de rente. Qu'on retrouve les 243 millions et la Chambre des députés est toute payée par la rente.

Dame ! c'est là le pont aux ânes ; comment retrouver les 243 millions ?

D'abord je pourrais demander aux républicains qui tenaient toutes les places dans ce moment-là, comment ils ont pu dépenser 243 millions, sans pouvoir dire à quoi ils les ont employés?

Et puis, on pourrait encore leur dire un petit mot. Dans la bande il y avait des hommes, intelligents ou non, peu importe, qui étaient les chefs. Puisqu'ils tenaient la ficelle, on ne pouvait pas la tirer sans qu'ils s'en doutent. Eh bien ! qu'on leur fasse ce qu'on a fait aux autres.

Est-ce qu'on n'a pas condamné un appelé Courbet à payer les frais de reconstruction de la colonne Vendôme ? Est-ce qu'on n'a pas déjà bien des fois fait main basse sur les biens des gens qu'on voulait faire payer?

Vous direz peut-être : Comment peigner

un pauvre diable qui n'a pas de cheveux? Ce n'est pas une raison, et voici pourquoi.

Il y a d'abord des républicains qui ont de l'argent ; il y en a même qui n'avaient pas le sou avant la guerre et qui ont des millions aujourd'hui. Est-ce qu'on ne pourrait pas regarder un peu d'où cet argent leur est venu ?

Ce serait peut-être légèrement indiscret; mais la justice fait la même chose tous les jours.

Supposons que moi, Jean Bonhomme, qui ne suis guère plus riche que ne l'était Gambetta quand il était, comme disait tout dernièrement un de ses copains, étudiant du quartier latin, sans sou, ni maille ; supposons donc que je tripote un peu dans les caisses de la Banque, et que dans deux ou trois mois, je roule carrosse, que je dépense à *gogo*, que je jette l'argent par la fenêtre, êtes-vous bien sûr qu'on ne me regarderait pas d'un œil drôle ? que certaines gens ne viendraient pas fourrer leur nez dans mes affaires pour savoir quel est l'oncle d'Amérique qui m'a apporté ce petit magot ? Et si par hasard on avait constaté des manques d'argent dans la caisse où j'aurais mis les mains, voyez-vous d'ici le juge d'instruction et tous les commissaires de police à mes trousses ?

Du reste, rappelez-vous ce caissier de la Banque, à Bruxelles, qui faisait la pluie et le beau temps ; on n'a pas manqué de lui faire les honneurs d'un rude procès, et, mon Dieu ! il ne l'avait pas volé.

Eh bien ! encore une fois, si on le fait pour 20, 30 ou 100 mille francs, on ne pourrait pas le faire pour 243 *millions ?*

Moi, je dis une chose, c'est que si j'étais député, tous les jours que le bon Dieu ferait, je monterais à la tribune et je dirais à haute voix : « Je demande que les républicains du Quatre-Septembre nous rendent compte des *deux cent quarante-trois millions* qu'on ne retrouve pas. »

Je ne suis pas député, malheureusement; mais je suis électeur ; moi je n'ai volé personne, et je n'ai pas trouvé de l'argent sous le talon de ma botte ; eh bien ! je ne voterai jamais pour ceux qui ont dépensé ces millions, parce que de deux choses l'une, puisqu'ils ne peuvent pas dire ce qu'ils en ont fait, ou bien ils les ont volés, ou bien ils ne sont pas capables de faire nos affaires.

La première condition pour se mêler des affaires des autres, c'est d'être honnête, la seconde de savoir ce que l'on fait.

Voilà pourquoi, moi, Jean Bonhomme, et tous les braves paysans comme moi, et tous les honnêtes ouvriers comme moi, nous ne voulons pas de ces gens-là.

S'il y en a dans la bande qui n'aient pas mis la main dans le sac, tant pis pour eux, qu'ils ne la donnent pas aux autres !

Le proverbe : « *Qui se ressemble, s'assemble ;* » et moi je ne me fierais pas à un chien qui ferait bonne mine avec les loups.

Ni vous non plus, les camarades ? Eh bien ! souvenez-vons de ce que je viens de vous dire.

JEAN BONHOMME.

Saint-Omer, Typ H. D'HOMONT

On peut se procurer à raison de :

5 francs les   100 exemplaires
33 —   les 1000   —
(port en sus)

les brochures suivantes :

Pourquoi des élections.

M. Gambetta et M. Ordinaire.

Les 243 millions perdus.

S adressser directement à M. le gérant de l'**Indépendant**, 4, rue des Tribunaux, à Saint-Omer.

- Moyennant **20** centimes les trois brochures ensemble seront envoyées, *franco* par la poste, à toute personne dont on lui indiquera l'adresse.

www.ingramcontent.com/pod-product-compliance
Lightning Source LLC
Chambersburg PA
CBHW050726070726
47597CB00009B/3808